우란을 쓰는 새

우란분재 발원문

큰 자비로 중생을 이롭게 하시며
법비 내려 저마다의 그릇 따라 평등하게
채워주시는 부처님.
오늘은 음력 7월 15일 우란분재일
목련존자 지극한 깊은 효심에
부처님 큰 자비로 감응하시어
그 어머니 지옥고를 거두게 하옵고
대덕스님네들 거룩한 수행 공덕 온 우주 만 중생
해탈로 돌아가네.
후세에 우란분 공양 베풀어
죽은 자든 산 자든
모든 중생 제도하라 당부하신 부처님 말씀
오늘 그 뜻 따라 우란분 공양

선망부모 일가친척 주인 있고 주인 없고

모든 생명 만 중생에 베푸오니

부처님 자비로 증명하시옵고

거룩한 공양 공덕 회향되어

일체중생 모든 고통 눈 녹듯이 사라지게 하옵소서.

부처님,

그리하여 마침내 다시는

삼악도三惡道에 떨어지지 아니하고

모든 중생 다 함께 윤회에서 벗어나서

올바른 깨침의 세계에 들 수 있도록

지극한 마음으로 삼보에 예 올리며 발원하나이다.

또한 살아 계신 세상의 모든 부모님네께

효도로써 섬기고 끝내는 성불하옵길

거룩한 부처님 전에 발원하나이다.

나무 석가모니불

나무 석가모니불

나무 시아본사 석가모니불

—

보부모은진언報父母恩眞言

나모 삼만다 못다남 옴 아아나 사바하

(부모의 은혜에 보답하는 진언.
진언은 진리대로의 말씀이며 진리를 실현하는 신비한 말이다.)

—

왕생진언往生眞言

나모 삼만다 못다남 옴 싯데율이 사바하

(극락세계에 태어나는 진언)

차례

우란분재와 효

우란분재와 효

재산이 많아 풍족하게 살면서도
늙은 부모를 돌보지 않는다면, 이는 파멸의 문이다.
귀금속과 재산을 많이 가지고 있으면서
홀로 부귀영화를 누린다면 이는 파멸의 문이다.
가문은 뽐내고 자랑하면서 가문의 사람을 멸시하고
도와주지 않는다면 이는 파멸의 문이다.

『숫타니파타』제1장 사품

 # 재齋의 의미

일반적으로 제사를 의미하는 제祭와 불교에서 지내는 재齋는 다르다. 절에서 이루어지는 재를 살펴보면 아래와 같다.

- **49재** | 사람이 죽은 뒤 49일째에 명복을 비는 재
- **천도재**薦度齋 | 죽은 사람의 넋을 극락으로 보내기 위해 치르는 재
- **수륙재**水陸齋 | 물과 육지에서 헤매는 고혼들을 공양하는 재
- **생전예수재**生前豫修齋 | 생전에 공덕을 쌓아 극락

왕생을 기원하는 의도에서 베풀어지는 재

• 영산재靈山齋 | 국가의 안녕과 많은 영혼을 극락왕
생하게 하고자 베푸는 재

재는 우포사다Uposadha를 번역한 말인데 '삼가
다' 또는 '부정不淨을 피한다'는 의미가 있다. 다시
말해 몸과 입, 마음으로 지은 여러 죄업을 깨끗이
씻고, 다시는 죄업을 짓지 않는다는 뜻이다. 몸, 입,
생각으로 짓는 세 가지 업을 맑게 하여 악업을 짓지
않도록 하는 것이며, 이를 위해 사찰에서 청정한 계
를 지키며 몸과 마음을 닦는 것이다. 그래서 재일마
다 사찰에 와서 삼보에 공양을 올려 공덕을 쌓고,
법회를 열며 청정한 생활을 영위한다. 이런 재일이
한 달에 6일이었기 때문에 육재일이라 했다. 『삼국
유사』에서 원광법사가 세속오계 중 하나인 살생유
택殺生有擇을 설명하는 부분을 보면 이렇다.

"육재일과 봄, 여름에는 생물을 죽이지 말라는 것으로, 이것이 시기를 가리라는 것이다."

이 기록으로 보아 육재일이 신라시대부터 이어져온 것을 알 수 있다. 육재일에는 여덟 가지 계를 지켰다. 이 계가 바로 팔재계(八齋戒, 八關齋戒)이다.

- 이살생離殺生 | 살아 있는 것을 죽이지 않음
- 이불여취離不與取 | 주지 않는 것을 가지지 않음
- 이비범행離非梵行 | 청정하지 않은 행위를 하지 않음
- 이허광어離虛誑語 | 헛된 말을 하지 않음
- 이음제주離飲諸酒 | 술을 마시지 않음
- 이면좌고광엄려상좌離眠坐高廣嚴麗牀座 | 높고 넓고 화려한 평상에 앉지 않음
- 이도식향만이무가관청離塗飾香鬘離舞歌觀聽 | 향유香油를 바르거나 머리를 꾸미지 않고, 춤추고 노래하는 것을 보지도 듣지도 않음

• **이식비시식**離食非時食 | 때가 아니면 음식물을 먹지
않음

    율장의 기록을 살펴보면, "팔재계를 실천하지 않
으면 우바새가 될 수 없고, 우바이도 될 수 없다"라
고 되어 있다. 이로 말미암아 불가에서는 재일을 중
요하게 여겼다는 것을 알 수 있다.

    불자들이 재일마다 절에 모여 팔재계를 지키며
공양을 올리는 법회가 보편화되면서 재의 의미가
스님과 모든 중생에게 공양을 올리는 의식과 법회
를 뜻하는 말로 변화했고, 또 한편으로는 죽은 이
를 천도하는 의식으로 바뀌게 되었다. 아직도 절에
서 큰 재가 끝나면 대중공양이 이루어진다. 이는 재
의 의미가 현재까지 이어지고 있다는 것을 나타낸
다. 이렇듯 불교의 재는 죽은 사람에게 지내는 제사
의 제祭와 그 의미가 전혀 다르다.

 # 우란분재의 의미

　　우란분이란 『우란분경』에 나오는 말로 범어梵語 울람바나Ullambana의 속어형에서 파생된 역어이다. 처음에는 '오람바나烏藍婆拏'라고 표기했다가 나중에 '오람'을 '우란盂蘭'으로, '바나'는 그 뜻이 '분盆'이므로 우란분盂蘭盆이라고 표기하기 시작했다.

　　이것을 번역하면 도현倒懸, 즉 '거꾸로 매달린다'는 뜻이다. 『목련경』을 보면, 중생이 지옥에 떨어질 때 문을 통해 들어가는 것이 아니라 업풍業風에 날려 거꾸로 매달려 가는 것이 나오는데 이와 연관이 있다고 할 수 있다. 즉, 거꾸로 매달린다는 것은 곧

지옥에 떨어지는 것이고, 동시에 지옥과 아귀도에 떨어진 중생이 거꾸로 매달려 고통을 받고 있다는 것을 상징한다. 서서 생활하는 인간이 거꾸로 매달린다는 것은 고통스럽고, 부자유스러운 상태를 나타낸다. 육체의 부자유, 정신의 부자유가 바로 도현이다. 부자유와 고통으로 이루어진 지옥을 가장 함축적으로 표현한 단어이다.

여러 의미를 종합해 볼 때 우란분재盂蘭盆齋란 거꾸로 매달려 고통받는 선망부모, 시방의 유주무주 고혼孤魂들의 극락왕생을 위해 재를 베풀어 구한다는 의미라고 할 수 있다. 또한 중생들의 전도顚倒된 가치관 즉, 어리석어 세상을 잘못 보고 거꾸로 착각하는 중생심을 버리고, 지혜의 자성광명으로 나아감을 의미한다고도 볼 수 있다. 그러므로 거꾸로 살아 온 자신의 모습들, 즉 세속의 가치를 좇아 참된 가치를 버리고 있었던 일이나 자신의 이익을 위해 타인의 행복을 짓밟았던 일, 부모님에게 불효한 일이나, 부처님 말씀을 믿지 아니하고 어리석게 행동했던 일 등 자신의 잘못된 모습을 바로 세우는 데 참뜻이 있다.

우란분회(盂蘭盆會, 우란분법회) 또는 우란분재의 역사적 기원은 부처님 재세시에 목련존자에 의해 시작된 것으로 전해진다. 우란분법회는 '목련존자의 구모생천求母生天'이라 하여 널리 회자되어 왔으며 『목련경』과 『우란분경』에 자세히 설해져 있고, 우란분재盂蘭盆齋 또는 우란분회, 우란분절盂蘭分節은 이들 경전을 근간으로 유래된 재齋 또는 법회로 불교의 5대 명절 가운데 하나이다.

『우란분경』

　우란분재의 유래를 전하고 있는『우란분경盂蘭盆
經』은 아주 짧은 1권의 경이며『보은봉분경報恩奉盆
經』이라고 최초 번역본이 있었는데 실전失傳되었다.
현존하는 것은 서진의 축법호가 한역한 것이며, 한
글대장경으로는 신판 161권(구판 63권)에 수록되어
있다.

　『우란분경』의 내용은 이렇다.

　이와 같이 나는 들었다.
　어느 때 부처님께서 사위국舍衛國 기타숲 외로

운 이를 돕는 절에 계셨다. 그때 대목건련大目乾連이 비로소 여섯 가지 신통(六神通)을 얻고 부모를 제도하여 낳아주고, 길러준 은혜에 보답하고자 하였다. 그는 깨달은 눈(道眼)으로 세간을 관찰했다.

그의 어머니는 죽어서 아귀도에 태어났다. 그녀는 음식을 먹지도 못하고 피골이 상접한 몰골로 있었다. 이를 본 목건련이 슬피 울며 발우에 밥을 담아 어머니에게 갖다 드렸다. 밥을 본 그의 어머니는 왼손으로 다른 아귀들이 달려드는 것을 내쫓고, 오른손으로 밥을 움켜쥐며 먹으려고 했다. 그러나 밥은 입에 들어가기도 전에 불덩이로 변하여 먹을 수가 없었다. 이를 본 목건련은 큰 슬픔에 빠졌다. 목건련은 부처님에게 달려가 이러한 상황을 자세히 여쭈었다. 그러자 부처님이 목건련에게 말씀하셨다.

"네 어머니는 죄의 뿌리가 깊이 얽혀 있으니 혼자의 힘으로는 어찌할 수 없느니라. 네가 비록 효순하여 이름이 천지를 진동할지라도 천신天神 · 지

신地神 · 사마외도邪魔外道 · 도사 · 사천왕신四天王神
들도 어찌하지 못할 것이다. 오직 시방의 여러 스
님들의 위신력을 얻어야만 비로소 구할 수 있으리
라. 내가 이제 그대를 위하여 어머니 구제하는 법
을 설할 테니 온갖 어려운 이들 모두가 근심과 괴
로움에서 벗어나고 죄업을 소멸하게 하리라.

시방의 여러 스님들이 7월 15일에 자자自恣를
할 때 '칠대'의 부모나 현재의 부모가 액난에 있을
이를 위하여 밥과 백 가지 맛과 다섯 가지 과일과
물 긷는 그릇과 향유香油와 초와 평상과 와구臥具를
갖추고, 세상에서 제일가는 맛난 음식을 그릇에 담
아 시방의 대덕스님께 공양하여야 할 것이니라.

이날에는 모든 성현들이 산간에서 선정을 닦거
나, 네 가지 도과〔四道果〕를 얻거나, 혹은 나무 밑
에 경행經行하거나, 육신통이 자재하여서 성문聲聞,
연각緣覺을 교화하거나, 십지보살十地菩薩이 방편으
로 비구의 모습을 나타내어 대중 가운데 있으면서
도 모두 한결같은 마음으로 발우와 밥을 받게 되느

니라.

청정한 계와 성현들의 도가 구족하니, 그 공덕이 한량없느니라. 누구라도 이 자자하는 승가에게 공양하는 이는 현재의 부모와 '칠대'의 부모와 육종친속六種親屬들이 삼도三途의 괴로움에서 벗어나서 곧 해탈할 것이요, 옷과 밥이 자연히 이르리라. 만일 어떤 사람이 부모가 현존한 이는 백 년 동안 복락을 받을 것이요, 만일 이미 돌아가신 '칠대' 부모는 천상에 태어나되 자재하게 희생하여 천화광天華光에 들어가 무량한 쾌락을 받으리라."

부처님께서 다시 시방의 여러 스님들에게 말씀하셨다.

"모두들 먼저 시주 집을 위하여 선정에 들어 마음을 안정한 뒤에 공양을 받으라. 처음 그릇을 받았을 때에는 먼저 불탑 앞에 놓고 여러 스님들이 축원을 마치면 자기 밥을 받을지니라."

이때 목건련 비구와 법회에 모인 대보살들이 모두 크게 기뻐하였고, 목건련의 슬픔도 사라졌다.

목건련의 어머니는 이날로부터 1겁 동안 받아야
할 아귀도의 고통에서 벗어났다.

목건련이 다시 부처님께 여쭈었다.

"저를 낳아준 어머니는 삼보의 공덕과 여러 스
님들의 위신력을 입었습니다. 그러나 만일 앞으로
다가올 미래 세상의 불제자들이 효순을 행하는 이
도 또한 우란분을 받들어서 현재의 부모와 '칠대'
의 부모를 구제할 수 있겠나이까?"

부처님께서 말씀하셨다.

"참으로 기특한 물음이다. 내가 말하려는 바를
네가 물었구나. 선남자야, 만일 비구, 비구니, 우
바새, 우바이, 국왕, 태자, 대신, 재상, 삼공三公, 백
관, 만민들이 효자孝慈를 행하고자 한다면, 모두 현
재의 부모나 과거의 '칠대'부모를 위하여 스님들
이 자자하는 날인 7월 15일에 백 가지 맛있는 것
을 우란분 안에 담아 시방의 자자하는 스님에게 베
풀고 발원해야 하느니라. 그렇게 하면 현재 부모의
수명은 백 년에 이르고 병이 없을 것이며, 모든 고

뇌와 근심이 사라질 것이다. 또한 '칠대'의 부모는 아귀의 고통에서 벗어나 천상이나, 인간 세상에 태어나서 복과 낙이 다함이 없게 할지니라."

부처님께서는 선남자 선여인에게 말씀하시었다.

"이는 불제자로서 효순을 닦는 이가 생각, 생각마다 항상 부모의 은혜를 생각하고 공양하되, 과거 '칠대'의 부모까지 함이니라. 7월 15일은 항상 효순한 마음으로써 낳으신 부모와 '칠대' 부모를 생각하며 우란분을 만들어 부처님과 스님에게 공양하여 부모가 길러주고 사랑하여 준 은혜를 갚는 것이니라. 너희들 일체의 불자는 응당히 이 법문을 만들어 지닐지니라."

그때에 목건련 비구와 4백 제자가 부처님의 말씀을 듣고 환희한 마음으로 받들어 행하였다.

한글대장경 161권 『심밀해탈경深密解脫經』 외
『불설우란분경佛說盂蘭盆經』 274~275쪽

『우란분경』의 용어 해설

대목건련(大目乾連, Mahāmaudgalyāyana)

부처님의 십대제자 중에 신통력이 제일 뛰어난 인물이다. 사리불과 함께 부처님의 쌍수제자로 불리는 그는 신통력으로 많은 중생을 교화하였으나 그에게 적의를 품은 외도들에게 살해당했다고 한다. 신통력이 뛰어났지만 전세의 숙업으로 그 과보를 피할 수 없었다.

육신통六神通

불도를 닦아 체득하는 여섯 가지 신통력

① 신족통神足通 | 어느 장소든 자유로이 왕래할 수 있는 신통력

② 천이통天耳通 | 어느 곳의 소리든지 들을 수 있는 신통력

③ 타심통他心通 | 다른 사람의 생각을 꿰뚫어 아는 신통력

④ 숙명통宿命通 | 전생의 운명을 아는 능력

⑤ 천안통天眼通 | 온 우주를 투시할 수 있는 능력

⑥ **누진통**漏盡通 | 번뇌를 완전히 소멸시킬 수 있는 신통력

위의 육신통 중에 제5통까지는 천신들도 얻을 수 있지만 제6통인 누진통은 석존과 같이 완전한 깨달음을 얻은 자만이 체득할 수 있다.

아귀(餓鬼, Preta)

생전의 탐욕으로 인한 과보로 중생이 윤회하는 여섯 세계(육도: 지옥, 아귀, 축생, 수라, 인, 천) 중의 한 세계.

아귀는 무엇을 먹더라도 바로 불덩어리로 변해서 끊임없이 기갈에 시달리며 그 생김새는 북같이 큰 배에 바늘만 한 목을 가졌다고 한다. 아귀에는 세 가지 종류가 있다.

① **무재아귀**無財餓鬼 | 아무것도 먹을 수 없는 아귀

② **소재아귀**少財餓鬼 | 인간이 버린 부정한 것만을 조금씩 먹을 수 있는 아귀

③ **유재아귀**有財餓鬼 | 호화로운 건물이나 풍요로운 곳에 인간과 함께 살지만 항상 부족함을 느끼며 허덕이는 아귀

사천왕신四天王神

욕계 6천의 첫째인 사천왕천의 주인으로 수미산의 사주四州를 수호하는 신. 호세천護世天이라고도 하며 수미산 중턱에 머문다고 함.

① **지국천왕**持國天王 | 동쪽을 수호

② **증장천왕**增長天王 | 남쪽을 수호

③ **광목천왕廣目天王** | 서쪽을 수호

④ **다문천왕多聞天王** | 북쪽을 수호

　　사천왕은 도리천의 주인인 제석천의 명을 받아 사천하를 돌아다니면서 사람들의 선과 악을 살피고 이를 보고한다.

자자(自恣, Pravāraṇa)

　　하안거가 끝나는 날 승단이 한자리에 모여 삼 개월 안거 기간 동안의 수행을 점검하고 각각 자신이 비난받을 만한 행위가 있는지 물은 뒤 잘못을 반성하고 참회하는 행사

칠대[七世]

　　일곱 번의 생을 윤회하는 동안의 부모

사도과四道果

　　소승불교의 수도자가 증득하는 네 가지 성도聖道체계

① **수다원과須陀洹果** | 일체의 견혹見惑을 끊고 증득

② **사다함과斯陀含果** | 욕계의 사혹思惑을 끊고 증득

③ **아나함과阿那含果** | 욕계의 수혹修惑을 끊은 성자

④ **아라한과阿羅漢果** | 욕계, 색계, 무색계의 모든 번뇌를 완전히 끊어 다시 윤회에 들지 않는 성자

경행經行

　　좌선 중 졸음을 쫓기 위해서 일정 거리를 걷는 것.

성문(聲聞, Śravāka)

석존이 설하신 진리의 말씀을 전해 듣고 깨달음을 얻은 소승불교의 성자

연각(緣覺, Pratyeka-buddha)

독각獨覺이라고도 한다. 즉 '연기법의 진리를 홀로 관하여 깨달음을 얻은 성자'

십지十地

화엄경에서 설하는 보살도 수행의 열 가지 계위

환희지歡喜地, 이구지離垢地, 발광지發光地, 염혜지焰慧地, 난승지難勝地, 현전지現前地, 원행지願行地, 부동지不動地, 선혜지善慧地, 법운지法雲地

육종친속六種親屬

부父, 모母, 형兄, 제弟, 처妻, 자子

삼도三途

지옥, 아귀, 축생을 말하며 삼악도三惡途라고도 함.

사부대중四部大衆

출가와 재가의 불제자 일반을 가리키는 말로 비구, 비구니, 우바새, 우바이 등이다.

『목련경』

『우란분경』과 함께 우란분재의 유래와 목련구모의 이야기를 전하고 있는 『목련경目連經』은 『대목건련경』이라고도 하며 효도에 관해 설한 경전이다. 중국 송나라 때 법천삼장法天三藏이 번역했다고 하나 확실하지 않으며 우리나라에서 전래된 이후 효도경전으로 널리 독송되어 왔다.

『목련경』을 다른 시각으로 보면 목련존자의 지옥 순례기라고도 할 수 있다. 돌아가신 어머니를 찾아 여러 지옥을 돌아다니며 지옥에 대한 묘사가 자세히 이루어지고 있다. 그러나 궁극적인 주제는 목련존자의 효심이다.

『우란분경』이나 『목련경』을 통하여 불제자들이 가장 감명을 받는 것은 출가한 목련존자의 어머니에 대한 지극하고도 간절한 효심의 모습과 이를 받아들이는 부처님의 무량하신 자비심이다. 『목련경』의 줄거리를 간단히 살펴보면 아래와 같다.

목련의 아버지는 왕사성의 장자로 항상 육바라밀을 행하였고 덕망이 매우 높았다. 늦게 외아들 나복을 보았는데 효성이 지극하였다. 아버지가 세상을 떠나자 나복은 삼년상을 치른 뒤 홀어머니인 청제 부인을 모셨다. 날이 갈수록 아버지가 물려준 재산이 줄어들자 나복은 멀리 장사를 떠나기로 마음먹었다. 나복은 남은 재산을 똑같이 삼등분하였다. 그중에 하나는 어머니와 종들의 생활비로 남겼고, 다른 하나는 아버지를 위해서 삼보에 공양하고 오백승재五白僧齋를 올리도록 어머니에게 맡겼다. 나머지는 장사 밑천으로 사용하기 위해 자신이 가지고 외국으로 떠났다. 승재僧齋란 스님들을 초대하여 정성스럽게 음식을 공양하는 것을 말한다. 그리고 오백승재는 스님 오백 명에게 공양을 올리는 것을 뜻한다.

나복이 원하는 바와 달리 청제 부인은 아들이 떠나 있는 3년 동안 죽은 남편을 위해 재를 올리기는커녕 삼보를 비방하고 온갖 악덕을 행하였다. 또한 스님들을 막대기로 때려 내쫓고, 오백승재 하라고 내어준 돈으로 돼지, 양, 거위, 오리, 닭, 개 따위를 사들여 기둥에 달아매고 목을 찔러 피를 받았으며, 돼지를 묶어 놓고는 방망이로 때리고 끓는 물을 몸에 끼얹어 염통을 꺼내 귀신에게 제사를 지내는 등 온갖 악업을 일삼았다.

삼 년 뒤 나복이 돌아왔다. 청제 부인은 아들이 없는 동안 행했던 악업을 속이려 했으나 나복은 이웃을 통해 어머니의 악행을 알게 되었다. 어머니의 악행을 들은 나복은 몸이 솟구쳐 땅에 떨어지고, 털구멍마다 피가 흐르며 혼절하여 그 자리에 쓰러져 오랫동안 깨어나지 못했다. 하지만 청제 부인은 이런 나복에게 사실을 이야기하지 않고 다시 속이려 했다.

"만약 네가 집을 떠난 후에 내가 오백승재를 지내지 않았다면 지금 나는 즉시 중병에 걸려 칠 일을 넘기지 못하고 죽어서 아비지옥에 떨어질 것이다."

이렇게 나복에게 거짓 맹세를 한 청제 부인은 말 그대로 칠 일 만에 죽음을 맞이하고 아비지옥에 떨어졌다. 나복은 삼년상을 치르고, 어머니의 급작스런 죽음에 의문을 품었다. 나복은 부처님의 제자가 되어 목련이라는 이름을 얻고, 그 후 도를 이루어 신통제일의 제자가 되었다.

신통력을 얻은 목련은 선정禪定 중에 어머니가 지옥에 있음을 알고 지옥을 돌아다녔다. 검수지옥, 석합지옥, 아귀, 회하지옥, 확탕지옥, 화분지옥 등을 돌아다녔지만 어머니를 찾을 수 없었다. 목련은 우두나찰이 알려주는 대로 아비지옥으로 갔지만 지옥문이 열리지 않았다. 목련은 부처님 앞으로 나아가 여쭙고, 부처님의 법력이 담긴 석장錫杖과 가사袈裟를 얻어서 지옥문을 열었다. 마침내 그렇게 찾아 헤매던 어머니를 아비지옥에서 만났다.

어머니는 엄청난 지옥고의 고통, 즉 끓는 기름 가마에 튀겨져서 죽었다가 살아나기를 반복하고 있었고, 또한 음식이 입에 닿자마자 불덩이로 변하여 먹을 수 없는 굶주림의 고통을 받고 있었다.

목련은 너무 괴로워 어머니를 그 고통에서 구해내고자 몸부림쳤으나 인과의 법칙은 자신의 신통력으로도 어찌할 수 없었다. 목련은 결국 부처님께 천도해 주실 것을 청하였다. 부처님은 목련의 간절한 청을 뿌리치지 못하고 도력으로 목련의 어머니를 극심한 지옥에서 가벼운 지옥으로 나오게 했지만 어머니의 무거운 업장 때문에 다시 소흑암지옥小黑闇地獄으로 떨어졌다.

부처님이 일러주신 대로 보살들을 청해 대승경전을 읽고 외워서 어머니를 소흑암지옥에서 구해냈지만 어머니는 다시 아귀로 태어났다. 부처님의 가르침에 따라 어머니는 아귀에서 벗어났지만 다시 개의 몸으로 태어났다. 이를 슬퍼한 목련은 어머니가 개의 몸에서 벗어나 업장이 소멸되는 방법을 부처님께 여쭈었다. 목련의 지극한 효심에 감동한 부처님은 "네 어머니의 업보가 워낙 중하여 한두 사람의 힘으로는 구제할 수 없으므로 스님들의 하안거가 끝나고 자자를 행하는 7월 15일 우란분절에 여러 대중 스님들에게 공양을 올리면 정토에 태어날 것"이라고 하셨다. 목련은 부처님께서 이르신 대로 우란분재를 베풀어 대중스님들의 법력을 모으니, 그의 어머니는 물론 어머니와 함께 지옥에서 고통받던 여러 중생들이 한날한시에 고통에서 벗어나 즐거움을 얻었다.

『우란분경』과 『목련경』

　『목련경』은 『우란분경』보다 자세히 우란분재에 대해 얘기하고 있다. 목련존자의 어머니인 청제 부인이 어떻게 해서 아비지옥에 떨어졌는지, 또 지옥에서 아귀로, 아귀에서 개의 몸으로, 그리고 구원을 받아 개의 몸에서 벗어나 도리천궁으로 천도되는 과정을 상세히 서술하고 있다는 점이 다르다고 할 수 있다. 일부에서는 이 경전의 핵심 내용은 인도에서 만들어졌고, 이후 중국에 넘어가 중국인이 가필하여 오늘날의 내용으로 완성한 위경僞經이라는 주장이 제기되기도 했다.

그 이유를 살펴보면 이렇다. 짧은 형식의 『우란분경』에 살을 덧대어 만든 것 같은 형태로 『목련경』이 이루어져 있기 때문이다. 또한 인도에는 있지도 않은 삼년상의 풍습이 게재되어 있고, 특히 아함경 계통에서 언급하는 목련존자와 사리불존자의 우정과 출가 과정이 『목련경』에서 언급하는 내용과 다르기 때문이다.

아함경 계통에서 나오는 목련존자의 본래 이름은 콜리타였다. 그는 친구 사리불과 함께 육사외도의 한 사람이었던 산자야의 제자였다. 목련존자와 사리불의 우정은 누구도 갈라놓을 수 없을 정도로 깊었다. 둘 중에 한 명이 먼저 진리를 얻으면 서로 전해주며 정진하고 있었다. 어느 날 사리불이 부처님 최초 제자 5비구 중의 한 사람인 앗사지를 만나 부처님의 가르침을 듣고 감명을 받았다. 사리불은 출가를 결심하고, 목련존자에게 돌아가 부처님의 가르침을 전했다. 이를 전해들은 목련존자 역시 사리불을 따라 죽림정사로 가 함께 부처님의 제자가 되었다. 목련존자는 부처님 가르침을 좇아 성실히 수행하여 제자 가운데 가장 신통이 뛰어난 제자가 되었다. 하지만 『목련경』을 보면 목련존자의 출가 과정이 다르게 전해지고 있다.

『우란분경』에는 목련존자의 출가 과정 등이 나타나 있지 않기 때문에 『우란분경』까지 위경이라고 볼 수 없다. 당시 효를 중시하던 중국인들의 사상과 효행을 강조한 불교의 『우란분경』이 결합한 것이라고 할 수 있다. 유교에서 효도가 중요한 덕목이고, 부처님 역시 효행을 강조했기 때문에 불교에 없는 경전을 새로 만들었다고 보기 어렵다. 『목련경』의 가필 또한 효행을 강조한 부처님의 본뜻을 잘 계승하고 있다고 할 수 있다.

『목련경』과 『우란분경』에서 강조하는 참 의미는 어머니의 천도를 갈망하는 목련존자의 효행과 개인적 차원의 염원이 '많은 스님들의 법력'에 의해 '많은 '중생들의 구제'로 구현되었다는 점이다. 오직 일념 하나로 석 달 동안 수행한 스님들을 공양하는 공덕은 그 어떤 공덕보다 크다고 할 수 있다. 천도는 어떤 단 한 사람의 기도만으로 이루어지는 것이 아니라, 여러 사람의 간절한 발원이 하나로 모여 이루어진다는 것을 알 수 있다.

 # 부처님의 자비심과
대중공덕의 힘

우란분재를 왜 7월 15일로 정한 걸까? 부처님께서 우란분재를 7월 15일로 정한 데에는 특별한 불교적 의미가 있다. 다시 한 번 경을 살펴보면 이렇게 나와 있다.

목련존자가 부처님께 여쭈었다.

"세존이시여, 무슨 까닭에 13일, 14일은 택하지 않고 왜 꼭 7월 15일을 택하십니까?"

부처님께서 말씀하셨다.

"목련아 7월 15일은 모든 스님들이 여름안거(하안거)를 마치고, 자자를 하는 날이라 즐겁게 한곳에

모이니 너의 어머니를 천도하여 정토에 태어나게 하
리라."

부처님께서 또 말씀하셨다.

"비구, 비구니, 국왕, 태자, 대신, 재상, 삼공三
公, 백관百官, 만민으로서 만일 효행을 행하고자 하
는 사람은 모두 마땅히 현재의 부모, 과거 칠대의
부모를 위해 7월 15일 부처님이 환희하는 날, 승
단이 자자를 베푸는 날에 백미百味의 음식으로써
우란분 속에 담아 시방의 자자하는 승단에 보시하
라. 능히 이같이 하면, 현재 부모의 수명은 백 년에
이르고, 무병하게 될 것이며, 칠대의 부모는 아귀
도의 고통에서 벗어나서 인人·천天에 태어나게 할
수 있을 것이다".

우란분재를 음력 7월 15일 스님들의 안거를 마
친 자자일로 부처님께서 정한 것은 수행을 마치고
도력을 얻은 스님들을 비롯해 그 밖의 대중스님께
공양을 올리어 그 공덕의 회향으로 중생의 무거운

죄업이 소멸될 수 있음을 천명하기 위한 불교 회향 공덕의 증명이었다. 즉 출가자의 수행 정진 공덕과 보시자의 공양 공덕이 함께 어우러졌을 때 어떤 악업의 중생도 구제될 수 있다는 불교의 강력한 중생 구제 메시지를 우란분재법회를 통해 깨달을 수 있는 것이다.

우란분재는 출가자로서는 석 달의 안거를 마치고 자유로이 행각하며 또 다른 수행의 길을 모색하는 해방의 의미가 있고, 공덕의 가피를 입은 영가들로서는 업보의 윤회에서 벗어나게 되는 종교적 해방의 의미가 있다.

우란분재는 목련존자의 지극한 효심과 아울러 대중스님들의 거룩한 공덕의 힘이 불자들로 하여금 신심을 일으키게 하는 법회이다. 이 두 경은 전래된 이후 널리 신봉되었다. 목련존자가 어머니를 아귀도에서 구제하기 위해 부처님의 가르침을 받아 7월 15일 안거자자일安居自恣日에 여러 가지 음식, 과일,

등, 초 등등 공양구를 갖추어 여러 스님들을 위해 공양을 베푼 유래에 따라 해마다 지옥과 아귀보를 받은 중생은 물론 현세의 부모와 칠대의 부모를 위해 우란분재를 올리는 것이 성행하게 된 것이다.

『우란분경』의 목련존자를 통하여 불교의 참된 '효'와 부처님의 중생에 대한 한량없는 자비심과 대중공덕의 힘이 얼마나 깊고 큰 것인가를 마음에 되새겨야 한다. 그리고 우란분재의 공덕이 목련존자의 어머니에 그치지 않고 많은 중생의 천도까지 적극적으로 나아갔듯이 이름 없이 떠도는 이 땅의 많은 영령들에게도 우란분법회를 베풀어 천도하여야 한다.

 # 인간의 덕목 중 가장 중요한 효도

일반 사람들은 불교를 효사상과 거리가 멀다고 생각한다. 불교가 중국에 전해졌을 때 집을 떠나 머리를 깎고 독신 수행하는 불교를 불효의 종교로 여겨 논란이 많았다. 『효경(孝經, 開宗明義章)』에 '신체발부 수지부모身體髮膚 受之父母'라 하여 감히 머리카락을 자르거나 상처를 내지 않는 것이 효도의 시작이라고 믿었던 사람들에게 머리를 깎고 출가하여 집안의 대를 잇지 않는 것은 큰 불효라고 생각했기 때문이다. 그래서 유학자들에 의해 환부역조換父易祖의 종교, 즉 조상을 배반하는 종교로 매도당했다.

그러나 이것은 불교를 제대로 이해하지 못해서 생긴 오해였다. 경전을 들여다보면 효도가 덕행의 근본이라고 누누이 강조하는 부처님 말씀을 확인할 수 있다. 장아함長阿含『선생경善生經』에서는 자식은 마땅히 다섯 가지로 부모님께 경순敬順하라는 말씀이 전해지는데 그 내용은 다음과 같다.

받들어 모시되 부족함이 없게 하라.
하고자 하는 일에 대하여 부모님과 상의하라.
부모님 하시는 일에 순종하여 거역하지 말라.
부모님께서 하시는 바른 명령을 감히 어기지 말라.
부모가 해오던 바른 직업을 이어서 더욱 번창케 하라

장아함長阿含 11권, 제2분 『선생경善生經』

또 『시가라월육방예경尸迦羅越六方禮經』에서는 "부모님의 은혜를 마땅히 생각하고 부모님께서 병환이 나시면 두려운 마음으로 의사를 모셔 치료하라"고 말씀하시는가 하면 "적정한 때 선조의 영혼에 공양을 올려야 한다"고 가르치고 있다.

하늘보다 높고 바다보다 깊은 부모님의 은혜를 갚고자 노력하는 일이 바로 우리가 이 세상을 살아가면서 반드시 실천해야 할 덕목이라고 부처님은 말씀하고 계신다. 그래서 부처님은 "이 세상의 모든 중생이 반드시 갚아야 할 네 가지 은혜 가운데 첫 번째는 부모의 은혜"(『대승본생심지관경大乘本生心地觀經』)라고 말씀하셨으며 "미래세의 중생이 청정한 업을 닦아 서방 극락세계에 가려면 반드시 세 가지 복을 닦아야 하는데 그 첫째가 부모님을 효도로 봉양하고 스승을 받들어 섬기는 것"(『관무량수불경觀無量壽佛經』)이라고 말씀하신다.

자칫 효도를 물질적으로 풍족하게 해드리는 것이 가장 훌륭한 효도라고 생각하기 쉽다. 하지만 부처님 말씀에 따른다면 금전적으로나 물질적으로 부족함이 없게 해드리는 것보다 부모님의 마음을 살피고, 그 뜻을 거역하지 않으며, 끊임없이 관심과 대화를 갖는 것이 필요하다는 것을 알 수 있다.

『대승본생심지관경』에서는 "아버지의 은혜는 산처럼 높고 어머니의 은혜는 바다처럼 깊어 내가 이 세상에 한 겁 동안이나 머물면서 부모님의 은혜를 설한다 하더라도 다할 수가 없다"고 하시고 "부모의 은혜에 대하여 설하는 것은 마치 모기나 파리가 큰 바닷물을 마신 것과 같을 뿐이며, 어머니 살아 계심이 가장 부자요 어머니 돌아가심이 가난이므로 살아 계시는 동안 열심히 효도하여야 한다"고 말씀하고 있다. 만약 어떤 사람이 지극 정성으로 부처님께 공양하고, 또 다른 한 사람은 부지런히 부모님께 효행을 닦는다면 이 두 사람의 복덕은 다르지 않아 삼세에 걸쳐 한량없는 복을 받는다고 가르치고 계신다.

무엇보다 큰 효도는 부모님을 부처님의 진리 앞에 인도하는 것이 가장 큰 효도라고 말씀하고 있다.

그래서 『부사의광보살소설경不思議光菩薩所說經』에서는 "음식이나 값진 보물을 드리는 것만으로는 부모의 은혜를 다 갚는 것이 아니고 부모님을 인도하여 바른 가르침으로 향하게 할 때 문득 부모님을 받들어 섬김이 된다"고 전하고 있다. 이와 같은 경전의 말씀을 통해 부처님께서는 효도를 인간의 덕목으로 가장 중요한 것이라고 생각하신 것을 알 수 있다.

 # 불교의 효도 윤리

　부처님은 『범망경梵網經』에서 "끝없는 옛부터 금
생에 이르는 동안 육도六道중생이 모두 나의 부모
형제 아님이 없다"라고 말씀하셨다. 또한 『부모은
중경』을 보면 부처님이 이름도 성도 알 수 없는 해
골 앞에서 이를 전생의 부모라 하시며 오체투지로
예경하셨다.

　이렇듯 부처님은 부모를 단순히 낳아주고, 길러
주신 것에만 국한 짓지 않으셨다. 시간과 공간을 확
대하여 부모의 의미를 넓히고 있다. 시간적으로는
과거, 현재, 미래의 삼세三世를 포괄하고 있으며, 공

간적으로는 하늘과 땅 밑 등 모든 생명까지 영역을 확장시키고 있다. 이는 불교만이 가지는 드넓은 부모관이라고 할 수 있다.

불교에서는 모든 생명이 나와 연결되어 있고, 모든 부모가 곧 나의 부모이다. 이는 부처님이 깨치신 연기緣起의 진리로 꿰뚫어 본 부모와 자식 간의 존재론적 실상이다. 이러한 이치를 깨닫는다면 낳아주고 길러주신 자기 부모만 공경하고, 자기 자식만 챙기는 가족 이기주의에서 벗어나 다함께 공경하고 사랑하는 행복한 세상이 될 것이다.

불교에서는 현재 살아 있는 부모는 물론 칠대의 선망부모와 세상의 모든 부모까지 불보살님의 가피력으로 업보 윤회의 존재로부터 해탈시켜 절대적 생명의 자유, 즉 성불에 이르게 하는 것을 효의 목적으로 한다. 이는 불교만이 갖출 수 있는 뛰어난 효도 윤리이다. 살아 있는 부모든 돌아가신 부모든, 효도하는 자든 효도받는 자든, 다함께 성불하기를 희망한다.

　왜 불교는 이러한 효도 윤리를 강조할까?

　인간을 비롯한 모든 생명의 존재는 독립적인 존재로 실존하는 것이 아니라, 무한관계의 공생共生적 존재로 함께 살아간다는 것이 불교의 연기緣起적 생명관이다. 즉 나의 생명이 지금 존재하는 것은 나와 수많은 인연의 관계〔相關緣起〕에 의하여 공생共生한다는 뜻이다. 그러므로 산 자와 죽은 자, 효도받는 자와 효도하는 자들 모두는 인연의 고리에 의하여 존재 속에 함께 있는 것이므로 어느 한쪽만이 살고 어느 한쪽만이 죽고, 어느 한쪽만이 효도하고 어느 한쪽만이 효도받는 고정된 실체란 없고 결국은 함께 성불하여야 하는 것이다.

　불교에서 볼 때 살아 있는 부모든 돌아가신 부모든 완벽한 효도에 이르려면 이들 모두를 성불의 언덕으로까지 인도해야 하는 것이다. 이러한 것은 부처님께서 깨치신 연기법(모든 것은 상호 연관되어 존재

한다는 진리)으로부터 흘러나오는 것이다.

돌아가신 부모나 조상들, 그리고 죽어 떠돌아다니는 임자 없는 영령들에게 성대하게 불공을 드리고 재를 베풀고 법회를 여는 것은 단지 지옥이나 아귀도, 축생 등 삼악도에서 괴로움을 겪고 있을지도 모르는 그들을 천도하여 극락왕생시키는 데 그치는 것이 아니라 부처님 법을 알게 하고 깨치게 해서 성불하기를 간절히 기원하는 데 참 목적이 있다. 현생 부모에게도 물질적으로만 부모 은혜에 보답하는 것이 아니라 『우란분경』 속의 효 정신으로 부모를 공경하고, 성불의 길로 인도하여 불교적 효를 실현하는 데 참뜻이 있다.

우란분재와

백중

네 가지 올바른 행〔4雅行〕

네 가지 올바른 행이란,
부모를 효도로 섬기되 기쁜 낯으로 봉양하며,
인의를 지키고 자비를 행하여 끝내 살생하지 않으며,
은혜롭게 보시하여 가난한 이들을 구제하되
조금도 아끼거나 거스르지 않으며,
성인이 계신 세상을 만나면 영화를 버리고
도를 이행하는 것이다.

『불설진학경佛說進學經』

# 민족의 전통 민속,
우란분재와 백중

예로부터 음력 7월 15일은 우란분재 말고도 여러 명칭으로 불리는데, 우선 불교 고유의 명절인 우란분재는 안거를 마치는 날에 자신의 허물을 대중에게 고백하는 날이라 하여 백중白衆이라 했고, 그 밖에 백종白踵, 백종百種, 중원中元 또는 망혼일亡魂日이라 불렸다.

우리 조상의 민속을 가장 상세하고 다양하게 기록한 홍석모洪錫謨의 『동국세시기東國歲時記』와 서울 지방의 풍속을 주로 기술하고 있는 김매순金邁淳의 『열양세시기列陽歲時記』, 실학파의 한 사람인 유득공

柳得恭이 쓴 『경도잡지京都雜志』 및 중국의 『형초세시기荊楚歲時記』를 보면, 음력 7월 15일을 중원中元이라 일컫고 백종일百種日 또는 백중일百衆日이라 하여 작은 명절로 삼아왔는데 특히 농민을 위로하고 휴식하도록 하는 날이었다.

이 무렵은 봄에 파종한 과일과 채소菜蔬가 많이 나오는 시기이다. 따라서 백중은 백가지 곡식의 씨앗〔種子〕을 갖추어 놓았다는 데서 비롯된 이름으로 백종百種이라고도 하고 조상 천도로 행해졌던 우란분재 또한 민속에 스며들면서 고통에 빠져 있는 중생에게 백 가지 음식을 장만하여 재를 베풀어 구제한다고 하여 백종百種 또는 백종魄縱이라고 불리게 되었다. 또 농민들이 7월에 이르러 세벌 김매기인 만두레를 끝낸 다음 힘든 농사를 마무리 짓고 발뒤꿈치를 깨끗이 씻는다 하여 백종白踵이라 불렀다. 중원中元은 도가의 표현으로 천상선관이 1년에 세 번(上. 中. 下元) 인간의 선악을 살피는 때를 '삼원三

元이라고 하였는데 정월 대보름과, 7월 보름, 그리고 10월 보름이 바로 이 삼원이었고 그 중앙에 있는 7월 15일을 중원이라고 하였다. 망혼일은 돌아가신 어버이에게 그해에 난 새로운 과실을 먼저 올리는 천신薦新을 한 데서 유래한 이름이다.

고려가요 「동동動動」에도 7월 백중의 이야기가 나오는데 신라와 고려시대의 백중에는 일반인들까지 참여하는 성대한 우란분재 행사가 벌어지고 있었다. 이로 미루어 보아 백중의 세시풍속은 고려시대에 이미 보편적으로 정착되어 있었음을 알 수 있다. 이 백중과 불교의 우란분재가 시기적으로 일치되어 서로 함께 어우러지면서 전통문화 속에서 우리의 중요한 민속으로 자리 잡게 된 것이다.

백중의 유래에 대하여 최남선 선생은 다음과 같이 설명하고 있다.

"신라시대에 여공경쟁(女功競爭: 여성들의 길쌈놀

이) 중심의 부족화목 기회인 가배회(嘉俳會: 신라 유리왕 때에 한가윗날 궁전에서 놀던 놀이)를 이날 시작하였으며, 불교에서는 불제자 목련의 고사에 의하여 선망 조상을 천도하는 우란분공을 이날 행하였다. 도가에서는 천상선관이 1년에 세 차례 인간의 선악을 기록하는 시기를 원元이라 하여, 정월 보름을 상원, 칠월 보름을 중원, 시월 보름을 하원이라 이르고, 삼원에 다 선신에게 제사를 지냈으니, 우리의 '백중'은 이 여러 형태의 종류를 골고루 받아 가진 것이다."

이 백중에는 각종의 다양한 민속이 전해져 오는데 이를 오늘날 새로이 조명하면 대체로 백중은 조상을 기리는 효도의 날, 풍요로운 노동절, 방생과 공양의 날로 이름할 수 있다.

 # 백중의 중요 의식,
천도재

　백중날 집에서는 익은 과일과 채소로 조상의 사당에 천신薦新하는 천신 차례를 지냈다. 이 풍속은 종묘宗廟에 이른 벼를 베어 천신을 드렸던 것에서 유래한다. 이날 스님들은 절에서 재를 올려 부처님께 공양하고, 불자들은 우란분재를 베풀어 스님들을 공양하고 조상의 천도재를 올렸다. 천신을 마친 사람들은 술과 고기를 마련하여 노래와 춤으로 하루를 즐겼는데 충남지방에서는 산소에 벌초를 하고 성묘도 하였다고 한다.

　이 백중에 가장 중요한 의식은 이 천신 차례와

천도재인데 백중천도재는『우란분경』과『목련경』이 전하는 대로 스님들에게 지극한 공양을 올린 공덕으로 현생의 부모는 물론 선망부모들이 천상이나 인간으로 태어나서 복락을 누리기를 기원하는 것이다. 천도의식은 불보살 및 신중의 가피력으로 악업으로 인한 무명無明을 밝히고 억울한 죽음을 달래줌으로써 죽은 자는 극락왕생하고, 산 자는 평안을 얻으려는 적극적인 신앙행위이다. 물론 천도의 대상은 혈연적 관계가 있는 사람만이 아니라 죽은 자이면 어떤 관계건 재를 지낼 수가 있다.

불교의 천도의식은 그 성격이나 규모에 따라 매우 다양하다. 간단한 염불이나 독경으로 죽은 자의 극락왕생을 발원하는 경우도 있고, 수륙재나 영산재와 같이 국가적인 규모로 진행되는 경우도 있다.

죽음을 달래고 지혜의 눈을 뜨게 하기 위해 재를 올리고 공양하는 것은 단지 한 개인의 극락왕생을 위한 것만이 아니라, 모든 무주고혼의 원한을 풀

어 극락왕생하게 하는 동시에 살아 있는 사람에게
도 공덕이 돌아오도록 하는 목적을 갖고 있다. 바로
여기에 해원을 통한 공동구원과 산 자들을 위한 사
회구원의 의미가 내재되어 있다. 우란분재, 지장재
와 같이 주기적으로 열리는 천도의례와는 달리 수
륙재, 영산재와 같은 천도재는 원하는 사람이 있을
때만 열리는데, 죽은 사람이 있는 가정에서 천도재
를 원할 경우나 큰 조직체나 국가 차원에서 온갖 무
주고혼을 천도하고 조직과 국가의 평안을 기원할
경우에 열린다.

풍요로운
머슴날, 백중

　백중은 세벌 김매기인 만두레를 마치고 추석 전
까지 따가운 햇살에 곡식이 영글고 익어가기를 기
다리는 일시적 농한기이자 풋과일과 채소가 수확되
는 풍요로운 절기이다. 그래서 농민과 머슴들이 힘
든 일손을 놓고 각종 놀이를 즐겼다.

　충북지방에서는 이때를 맞아 '머슴날'을 정하는
데 상머슴을 뽑아 상을 주고 즐기며, 노총각이나 홀
아비 상머슴은 결혼도 시킨다. 머슴들에게 '호미돈'
도 주고 술과 음식으로 즐기게 했다.

　전북지방에서도 일명 '호미씻기연'이라 하여 농

사를 다 지었다는 일종의 피로연을 베풀고 '머슴명일'이라 하여 머슴을 위로하고 떡이나 부침개를 해먹고 '술메기'도 하고, 샘도 치고 줄다리기, 농악으로 하루를 즐겼다고 한다.

경남지방에서도 다양한 백중 민속이 전해지는데, 이날은 논매기를 마치고 머슴을 위로하는 날로 어른들은 일을 하지 않았다. 특히 마지막 논매기를 마친 뒤 머슴을 놀리는데, 농사를 잘 지은 머슴을 뽑아 곡괭이 자루에 태우고 농악을 울리고 덧배기춤을 추며 주인집에 들어오면 주인은 음식을 대접하였다. 마을의 길을 고치고, 청소도 하고, 가지를 벗긴 흰 나물을 무쳐 먹기도 했는데 백중날 저녁에 복숭아를 벌레가 든 채 먹으면 얼굴이 예뻐진다고 하였다. 백중에 내리는 물은 약물이라고 하여 찬물에 목욕을 하였는데, 이것을 '백중물맞이'라고 불렀다.

전남지방에도 갖가지 민속이 전해지는데 이날

에는 차례茶禮를 올리며, 깨끗한 옷을 입고 일을 하지 않고 쉬었다. 특히 이날 샘을 깨끗이 하여 샘굿을 하며 노는 곳도 있었는데 신경통이 있는 사람은 약수터 또는 간척지干拓地의 수문水門을 찾아서 백중물맞이를 나갔다고 한다. 물맞이는 주로 남자보다 부인들에게서 더욱 성행했다고 한다. 아울러 농가에서 좀 한가할 때 퇴비를 위해 풀베기 시합을 벌였는데 정해진 시간 내에 다량의 풀을 벤 쪽이 이기도록 되어 있고, 장구 등을 두드리며 경쟁심을 북돋우며 응원을 했다고 한다. 또한 백중에는 유두流頭 때와 같이 일찍부터 논밭에 가는 것을 금하였는데, 그 이유는 이날 산신山神이 곡식의 수확收穫을 마련하는데 사람들이 들에 다니면 산신의 일에 방해가 된다 하여 논밭에 나가는 것을 금했다고 한다. 이 역시 머슴과 농민을 쉬게 하기 위한 것으로 생각된다.

경북지방에서도 이날에는 윷놀이, 농악, 씨름, 그네뛰기, 약물먹기 등의 민속이 행해졌다고 한다.

제주도에서는 14일을 백중이라고 하며, 이날 바닷가로 물맞이를 갔는데 물맞이는 위병, 허리병, 열병, 속병에 좋다고 하며, 백중물은 약물이라 하여 바닷가로 흘러 떨어지는 물을 떠먹기도 하였다. 또한 성읍리 부락민의 특이한 백중제로 7월 14일 사시가 되면 '사령밭'에 모여 공소를 열고 돼지를 잡아 제사를 지내고 음식을 나누어 먹은 뒤 노래와 춤으로 한때를 즐기다 헤어졌다고 한다.

이와 같이 백중에는 계급제도에서 핍박받던 하층민들이 힘든 노동에서 해방되어 잠시나마 놀이와 휴식으로 즐길 수 있던 날이었다. 이날 대부분의 지역에서는 머슴을 쉬게 하고 용돈을 주어 놀게 했다. 머슴들은 그 돈으로 장에 나가 술도 마시고 음식을 사먹고 필요한 물건도 샀는데, 이날 서는 장을 백중장이라고 한다. 이날은 구매가 많아 장꾼들은 수를 헤아리기 힘들 정도로 몰려 장관을 이루었다고 전한다. 백중민속은 앞에서도 서술한 바와 같이 중부

이남에서 특히 성대히 베풀어졌는데, 이날 그해 농사를 가장 잘 지은 집의 머슴을 소나 가마에 태워 마을을 돌며 위로하고 노는 '호미씻이'가 잘 알려진 놀이이다.

이처럼 백중날 천민들은 계급제도에 억눌려 숨도 제대로 쉬지 못하다가 비록 하루만이라도 기를 펼 수 있었는데, 이날 그들은 쌓였던 울분을 놀이를 통해 조금이나마 풀 수 있었던 것이다. 백중을 머슴날이라고 부르는 이유는 비록 주인의 묵인과 후원을 얻어 하루를 즐겁게 노는 날이었지만 놀이의 주체가 이들이었기 때문에 머슴날이라고 한 것이다. 이들의 목숨을 좌우할 수도 있었던 지주나 주인들도 이날만은 간섭이나 명령을 할 수 없게 되어 있었다.

뿐만 아니라 동네에서 내로라하는 양반이라 할지라도 이날만은 머슴들의 놀이를 묵과할 수밖에 없었기 때문에 이날은 계급사회에서 실제 노동력을 소유하였던 머슴들이 첫 결실의 기쁨을 먼저 향유

하고, 억압에서 잠시나마 벗어나는 노동해방절이라
할 수 있다.

　머슴들의 놀이는 단순히 먹고 마시고 노는 데에
의의가 있는 것이 아니라 뜨거운 하절기에 고된 농
사에 지친 몸을 하루쯤 쉼으로써 다시 생업에 매진
할 수 있는 계기를 마련하고 풍요의 기쁨을 누리는
데 의의가 있다. 따라서 백중은 고된 농사 끝에 찾
아온 풍요를 즐기며 신명나는 한판 축제를 벌이는
민속노동절이라고 할 수 있다.

 # 방생과
공양의 날, 백중

백중에는 전국 어디서나 절에 불공을 드리러 갔고 부처님께 갖가지 음식으로 백종공양百種供養을 올렸다. 이 백중불공을 백중맞이라고도 부르는데 우란분재가 민간에 정착한 것이라고 할 수 있다.

이날 선망부모와 7대의 조상을 천도하기 위한 우란분재를 올린 뒤에는 공덕을 짓기 위해 방생을 하거나 선행을 했다. 각 지방의 민속에 보이는 공동 우물 청소나 마을 청소를 하고 부유한 집에서 음식과 술을 내어 온 동리 사람들에게 대접한 것도 바로 이런 이유에서이다.

이와 같이 백중은 우리 전래의 세시풍속과 불교의 우란분재가 만나 이루어낸 우리 민족의 가장 중요한 민속 가운데 하나였다. 과거 농경사회와는 달리 오늘날 산업화, 도시화된 사회에서 백중의 이런 의미와 전통은 새롭게 재해석되고 현대적 모습으로 구현되어야 한다.

먼저 백중은 조상을 기리고 천도하는 효도의 날로서, 요즘 날로 희미해져 가는 효사상을 고취시키는 한편 자기 조상만을 위한 소극적이고 개별적인 천도보다는 보다 넓고 적극적인 천도법회로 전환하여야 한다. 그래서 내 부모는 물론 보다 넓은 의미의 조상님들, 즉 우리가 오늘 여기 이 터전에서 편안히 살 수 있도록 애쓰셨던 모든 선조들과 애국열사들의 극락왕생을 발원하는 날이 되어야 할 것이다.

둘째 백중은 풍요로운 민속노동절로서의 전통을 이어받아 현대의 산업노동자들과 함께하고 그들과 하나가 되는 불교적 틀을 이루는 날이 되어야 한다. 옛 백중날처럼 각종 놀이판과 즐거운 행사를 마련하여 불교적 노동절을 구현하는 것도 좋은 방안의 하나일 것이다.

셋째 백중은 방생과 공양의 날로, 오늘날 적극적 방생으로 대두되고 있는 환경보호에 앞장서는 한편 각종 봉사활동으로 공덕을 쌓는 날이 되어야 한다. 특히 굶주린 이웃, 아픈 사람뿐만 아니라 도움의 손길을 필요로 하는 사람들에게 베푸는 날이라고 할 수 있다. 따라서 어려운 이웃은 물론 경제난에 허덕이는 북한 동포들을 위한 공양도 베풀 수 있어야 한다.

우란분재의

참모습전

자식된 자의 도리

첫 번째는 부족함이 없게 받들어 모시는 것이요,

두 번째는 무슨 일이든지 먼저 부모에게 아뢰는 것이며,

세 번째는 부모가 하는 일은 순종하여 거스르지 않는 것이요,

네 번째는 부모의 뜻을 어기지 않는 것이며,

다섯 번째는 부모가 하던 바른 가업家業을 끊이지 않게

이어가는 것이다.

『장아함경』 제11권

 # 우란분재에 새겨보는
부모님 은혜

목련존자의 지극한 효심이 우란분재라는 거룩한 법회가 되었듯이, 오늘날 우리도 부모님의 은혜에 보답하기 위하여 목련존자 같은 효심을 새겨보며 부모님께 효행할 수 있도록 애써야 한다. 더욱이 사회가 도덕적으로 빛을 잃어가고, 어른을 공경하고 스승을 존경하고 부모 은혜를 감사히 생각하는 아름다운 풍토가 사라짐을 볼 때 이러한 불교의 효행은 더욱더 절실하다고 하겠다.

부처님께서는 일찍이 『불설대부모은중경佛說大父母恩重經』을 통하여 부모의 은혜에 대하여 열 가지로 나누어 밝히시면서 말씀하시길 "자식이 부모의 은혜를 갚기 위해 아버지를 왼쪽 어깨에 모시고 어머니를 오른쪽 어깨에 모시며 그 어깨 위에서 대소변을 받으면서 백천 겁 동안에 수미산을 돌아도 다 갚을 수 없다"고 하셨다.

그리고 부처님께서는 아난존자와 함께 길을 가시다가 이름 모를 마른 뼈 한 무더기에 오체투지로 절하시면서 그것이 나의 부모님 뼈라고 하시었다.

불교에서 밝히는 부모의 은혜는 우리가 일반적으로 생각하는 부모의 은혜보다 더욱 간절하고 깊음을 부처님의 말씀과 『부모은중경』과 『우란분경』을 통하여 배울 수 있다.

 # 불교 효행의 참실천

뜻깊은 우란분절을 맞이하여 목련존자의 효심을 이어받아 돌아가신 부모님은 물론 살아 계신 세상의 모든 부모님께 불교 효행의 참실천을 펼쳐가는 것은 우란분재가 불교 5대 명절로 봉축되는 데 더욱 기쁜 날이 될 것이다.

각 사찰에서 불교 효행의 참실천으로 펼칠 수 있는 방법을 다음과 같이 제안하고자 한다.

하나. 한글 『우란분경』 또는 『부모은중경』 사경하기

한글 『우란분경』에 담겨 있는 목련의 효심과 우

란분 공덕을 되새기고, 『부모은중경』에서 설하고 있는 한량없이 깊고 넓은 부모님 은혜를 깨우치기 위하여 경전 한 구절 한 구절을 정성스럽게 사경(寫經: 경전을 옮겨 씀)해 보도록 한다.

종이는 깨끗한 한지나 원고지를 사용하고, 글씨는 붓이나 펜으로 쓰는 것이 좋다.

둘. 부모님의 열 가지 은혜를 편지에 담아 감사 전하기

『부모은중경』에서 설하고 있는 부모님 은혜 열 가지[十大恩]를 보면 다음과 같다.

첫 번째,

태에 심어 보호하신 크신 은혜 [懷耽守護恩회탐수호은]

累劫因緣重 누겁인연중   여러겁 내려오며 인연이 깊고깊어

今來託母胎 금래탁모태   금생에 다시와서 모태에 의탁했네

月逾生五藏 월유생오장   달수가 차가면서 오장이 생겨나고

七七六精開 칠칠육정개   여섯달 되어서는 육정이 열렸어라

體重如山岳 체중여산악   한몸이 무겁기는 산보다 더하였고

動止怯風災 동지겁풍재   거니는 그때마다 찬바람 겁이나니

羅衣都不掛 라의도불괘   고운옷 생각없어 입어도 보지않고

裝鏡惹塵埃 장경야진애   머리맡 거울에는 먼지만 가득하네.

懷
耽
守
護
恩

두 번째,

해산할 때 고통받은 크신 은혜 [臨産受苦恩임산수고은]

懷經十箇月 회경십개월	뱃속에 아기배어 열달이 다가오니
産難欲將臨 산난욕장임	순산이 언제일까 손꼽아 기다리네
朝朝如重病 조조여중병	나날이 기운없어 큰병든 사람같고
日日似惛沈 일일사혼침	어제도 오늘에도 정신이 흐리도다
惶怖難成記 황포난성기	두렵고 겁난마음 무엇에 비교할까
愁淚滿胸襟 수루만흉금	근심의 눈물만이 가슴에 가득하네
含悲告親族 함비고친족	슬픔의 눈빛으로 친척께 말하기를
惟懼死來浸 유구사래침	죽음이 닥쳐올까 두려울 뿐입니다.

臨產受苦恩

세번째,

아기 낳고 근심 잊은 크신 은혜[生子忘憂恩생자망우은]

慈母生君日 자모생군일　어지신 어머님이 나의몸 낳으실때

五臟總開張 오장총개장　오장과 육부까지 찢기고 에이는듯

身心俱悶絶 신심구민절　정신이 혼미하고 몸까지 곤고하니

流血似屠羊 유혈사도양　그많이 흘리신피 소와양 잡았는듯

生已聞兒健 생이문아건　아기가 건강하다 좋은말 들으시면

歡喜倍加常 환희배가상　반갑고 기쁜마음 견줄데 없지마는

喜定悲還至 희정비환지　기쁨이 지난뒤에 슬픈맘 다시나며

痛苦徹心腸 통고철심장　아프고 괴로움이 온몸에 사무치네.

生子忘憂恩

네 번째,

쓴 것 먹고 단 것 뱉어 먹여주신 크신 은혜

[咽苦吐甘恩인고토감은]

父母恩深重 부모은심중   어버이 깊은은혜 바다에 비기오리

恩憐無失時 은련무실시   귀여워 사랑하심 영원히 변치않네

吐甘無所食 토감무소식   단것은 모두모아 나에게 먹이시고

咽苦不嚬肩 인고불빈견   쓴것만 잡수면서 그얼굴 밝으시네

愛重情難忍 애중정난인   사랑이 깊으시니 날위해 밤낮없고

恩深復倍悲 은심부배비   은혜가 높으시매 슬픔이 몇곱일세

但令孩子飽 단영해자포   어머니 일편단심 아기배 불리고자

慈母不辭飢 자모불사기   며칠을 굶으신들 그어찌 마다하리.

咽苦吐甘恩

다섯 번째,

마른자리 아기 뉘고 젖은 데에 친히 누우신

크신 은혜[回乾就濕恩회건취습은]

母自身俱濕 모자신구습　어머니 당신몸은 백번이 젖더라도

將兒以就乾 장아이취건　아기는 어느때나 마른데 뉘이시며

兩乳充飢渴 양유충기갈　두젖을 먹이어서 아기배 불리시고

羅袖掩風寒 나수엄풍한　찬바람 쏘일새라 소매로 가리우네

恩憐恒廢寢 은련항폐침　아기를 돌보느라 잠한숨 편히자랴

寵弄盡能歡 총농진능환　두둥실 둥개둥개 안아서 놀리시니

但令孩子穩 단령해자은　아기만 편하다면 뭣인들 사양하며

慈母不求安 자모불구안　어머니 그몸이야 고된들 어떠하랴.

82

四 乾就濕恩

여섯 번째,
젖을 먹여 양육하신 크신 은혜 [乳哺養育恩유포양육은]

慈母象於地 자모상어지   어머님 크신은혜 땅에다 견주리까

嚴父配於天 엄부배어천   아버지 높은은덕 하늘에 비기리까

覆載恩將等 복재은장등   높고큰 부모은공 천지와 같사오니

父孃意亦然 부양의역연   자식을 사랑하는 부모뜻 다를손가

不憎無眼目 부증무안목   눈과코 없더라도 조금도 밉잖거든

不嫌手足攣 부혐수족련   손과발 못쓴다고 싫은맘 있을손가

誕腹親生子 탄복친생자   배갈라 낳은자식 병신이 더귀여워

終日惜兼憐 종일석겸련   온종일 사랑해도 정성은 끝없어라.

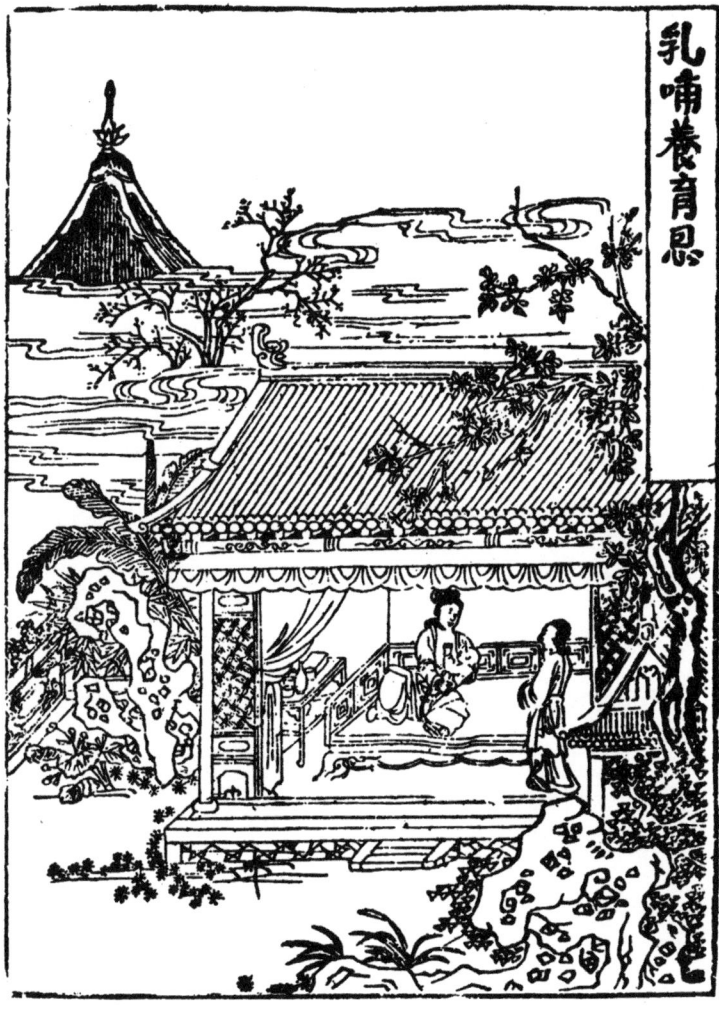

乳哺養育恩

일곱 번째,

똥오줌을 가려주신 크신 은혜 [洗濯不淨恩세탁불정은]

憶昔美容質 억석미용질　지난날 이내얼굴 꽃보다 고왔었고

姿媚甚豊濃 자미심풍농　옥같이 아름답고 솜같이 부드러워

眉分翠柳色 미분취유색　예쁘게 그린눈썹 버들잎 부끄럽고

兩臉奪蓮紅 양검탈연홍　두볼에 붉은빛은 연꽃도 수줍었네

恩深摧玉貌 은심최옥모　은혜가 깊을수록 고운빛 사위었고

洗濯損盤龍 세탁손반용　기저귀 빠느라고 손발이 거칠었네

只爲憐男女 지위연남녀　아들딸 기르느라 고생은 말도마라

慈母改顏容 자모개안용　어머니 꽃얼굴에 주름살 잡히었네.

洗濯不尊恩

여덟 번째,

먼길 가면 걱정하신 크신 은혜[遠行憶念恩원행억념은]

死別誠難忘 사별성난망	죽어서 영이별도 잊을수 없지마는
生離實亦傷 생이실역상	살아서 이별함도 마음을 끊노매라
子出關山外 자출관산외	자식이 집을떠나 먼길을 가게되면
母意在他鄕 모의재타향	어버이 자식생각 한신들 잊으리오
日夜心相逐 일야심상축	이마음 밤낮으로 자식을 생각하며
流淚數千行 유루수천행	두눈에 흘린눈물 천줄기 만줄기라
如猿泣愛子 여원읍애자	원숭이 자식사랑 창자를 끊음처럼
憶念斷肝腸 억념단간장	어버이 자식걱정 그보다 더하여라.

遠行憶念思

아홉 번째,
자식 위해 애쓰시는 크신 은혜 [爲造惡業恩위조악업은]

父母江山重 부모강산중	어버이 크신은혜 바다에 비길건가
恩深報實難 은심보실난	산보다 높으시니 어떻게 갚사오리
子苦願代受 자고원대수	자식의 온갖고생 대신키 소원이요
兒勞母不安 아로모불안	아들이 괴로우면 부모맘 편치않네
聞道遠行去 문도원행거	아들딸 길을떠나 먼길을 가게되면
行遊夜臥寒 행유야와한	밤이면 추울세라 낮이면 주릴세라
男女暫辛苦 남녀잠신고	자식들 잠시라도 고통을 받게되면
長使母心酸 장사모심산	어버이 근심걱정 하루가 삼추로다.

열 번째,
끝까지 사랑하신 크신 은혜[究竟憐愍恩구경연민은]

父母恩深重 부모은심중　아버지 어머니의 그은혜 어떻더냐

恩憐無歇時 은련무헐시　자식을 사랑하심 잠신들 쉬오리까

起坐心相逐 기좌심상축　서거나 앉았거나 잠신들 쉬오리까

遠近意相隨 원근의상수　멀거나 가깝거나 사랑은 같을세라

母年一百歲 모년일백세　늙으신 부모나이 백살이 되었어도

常憂八十兒 상우팔십아　여든된 아들딸을 행여나 걱정하네

欲知恩愛斷 욕지은애단　부모님 깊은은공 언제나 갚사올지

命盡始分離 명진시분리　이목숨 다한뒤에 한한들 무엇하리.

究竟慈恩

위의 부모님의 깊고 큰 열 가지 은혜를 정성스럽게 편지로 쓰면서 부모님의 은혜를 가슴에 깊이 새기고, 쓴 편지를 부모님께 전하여 은혜에 감사드리도록 한다. 혹 부모님께 선물할 일이 있다면 이 편지와 함께 드리도록 하는 것도 좋겠다.

셋. 가족 자자법회 열기

음력 7월 15일은 부처님 당시부터 음력 4월 15일에 시작한 하안거夏安居를 마치는 해제解制일로 부처님께서는 이날을 '백중자자일白衆自恣日'로 정하시고 매년 이 백중자자법회를 실시토록 하시었다.

'백중자자법회白衆自恣法會'란 석 달 안거 동안 대중과 함께 수행을 닦다가 음력 7월 15일 안거가 끝나는 날에 전체가 모여 각자의 생활을 반성, 점검하고 각자가 지녀왔던 의문을 이날 푸는 참회법회이다. 즉 의문났던 것은 부처님께 여쭙고, 계율을 깨뜨려 허물이 있었거든 대중 앞에 드러내 놓고 고백하여 참회한다고 하여 '백중자자白衆自恣'라 했다.

이는 불교 전통의 뛰어난 대중참회법회이다. 이 백중자자법회는 부처님부터 시작하여 연장자로 옮겨 가면서 차례대로 행한다. 예로부터 우란분절에 실시해 온 불교의 훌륭한 전통을 이어받아 각 가정에서도 이날은 한 해의 상반기를 중간 마무리하면서 가족이 함께 모여앉아 반성·점검하는 자자법회를 가져보는 것도 우란분재를 뜻깊게 보내는 좋은 방법이라 하겠다.

자자법회의 형식은 우란분재 저녁에 온 가족이 둘러앉아 자신의 허물들을 가족 앞에 드러내 고백하고 가족으로부터 참회를 구하면 된다. 순서는 가장 어른부터 돌아가면서 차례로 하면 된다.

우
관
을
새

1판 1쇄 2009년 7월 30일
개정 초판 1쇄 2013년 7월 10일
개정 1판 3쇄 2015년 7월 17일

엮은이 | 대한불교조계종 포교원 포교연구실
발행인 | 이자승
편집인 | 김용환

펴낸곳 | (주)조계종출판사
출판등록 | 제300-2007-78호(2007.04.27)
주소 | 서울시 종로구 우정국로 67 대한불교조계종 전법회관 7층
전화 | 02. 720. 6107~9
팩스 | 02. 733. 6708
홈페이지 | www.jogyebook.com
도서보급 | 서적총판사업부 031. 945. 4536
구입문의 | 불교전문서점 02. 2031. 2070~3 www.jbbook.co.kr

ISBN 978-89-93629-32-3   03220